L'ÉCOLE
DE LA
VOLUPTÉ.

Æneidum genitrix, Hominùm divùm-
que voluptas &c.

Lucret. de *Nat. rer.* 1.

A COLOGNE,

Chez Pierre Marteau, à la Verité.

M. DCC. XLVI.

A MA CHERE AMIE,

'Est vôtre Ouvrage que je vous offre, vôtre seule idée m'a inspiré, je lui dois tout ce qu'il y a de plus délicat & de plus séduisant dans cet Essai. Vous vous y reconnoitrez, vous y lirez avec plaisir l'Histoire de nos amours : j'en ai voulu laisser des traces publiques, pour me rappeller (si j'ai le malheur de ne pas vous aimer toujours) combien vous m'avez été chere, dans un tems, où mon cœur épuisé ne sentira peut-être plus rien. Il est des moments, vous m'aimez trop pour ne pas les connoitre, où la force de l'imagination représente si vivement à l'esprit un objet adoré, qu'on croit le voir & être avec lui. Que dis-je, on le voit, on lui parle, on le touche, on le trouve sensible, on rend hommage à tous ses charmes. C'est dans ces heureux

* * *

mo-

momens, ma chere amie, que souvent l'illusion m'accorde de plus grands biens, que la réalité même. Quels transports, quelle tendresse, quelles caresses vous recevez, vous rendez à vôtre amant ! l'honneur, la raison, toutes ces belles Chimeres que vous respectés aux dépens de nos plaisirs, s'évanouissent enfin. Pourquoi mettez vous des bornes à mon bonheur ? se peut-il qu'un mortel dans vos bras forme encor un desir? La Volupté en gémit, les sentimens du cœur ne peuvent lui suffire, son empire est fondé sur les dernieres faveurs : Il faut que tous les plaisirs des sens soient reciproquement mêlés & confondûs avec nos ames, pour qu'elles goutent les plus délicieux transports.

C'est ainsi, ma chere amie, qu'un cœur tendre & affligé cherche à soulager les Maux que lui cause vôtre absence : malheureux cependant, après vous avoir fait connoître la Volupté, de ne pouvoir aujourd'hui vous en offrir que la Peinture.

L' E-

L'ÉCOLE
DE LA
VOLUPTÉ.

Vous heureux Enfans de la Volupté, vous que l'amour a pris soin de former lui-même pour servir à des projets dignes de lui, je veux dire au bonheur du genre humain, échauffés-moi de vôtre génie, ouvrez-moi le sanctuaire de la nature, éclairé par l'amour : Nouveau, mais plus heureux prométhée, que j'y puise ce feu sacré de la Volupté, qui dans mon cœur, comme dans son Temple, ne s'éteigne jamais.

Voltaire, sois mon premier Guide, tu avois trop d'esprit pour ne pas être voluptueux : tu connois tous les charmes de la Volupté, mais de la volupté des honnêtes gens. Chez-toi Noble, pour ainsi dire, polie, décente, elle n'a rien de grossièrement lascif ; épurée par la delicatesse même, toute en sentimens, elle seduit le cœur par l'esprit : quel

A 3

vul-

vuide, grand Dieux, tu nous fais voir
dans un cœur sans tendreſſe! non, rien
ne peut le remplir, rien, tu dis vrai,
rien ne peut remplacer l'amour. Mais
pour exprimer, comme toi, la triſte ſi-
tuation d'un cœur qui ſe voit forcé de
quitter le Dieu qui l'a quitté, d'un
cœur, hélas! qui ne peut plus aimer,
il faudroit la ſentir de même. Quels
regrets plus vifs que les tiens! ſans
doute l'amour, qui en aura été touché,
te fait encor quelquefois ſentir les approches du plus reſpectable des Dieux,
ſigne conſolateur d'un Amante éperdüe, & tel qu'au nautonnier allarmé
ſe montre la brillante étoile du matin.

S.te Foi, que j'aime la Volupté de ton
pinceau! il étoit digne de peindre l'a-
mour & les graces, mais pourquoi faut-
il que ton exemple & tes ſuccès m'ap-
prennent qu'il n'eſt pas poſſible d'être
long-tems voluptueux?

Crebillon, voluptueux auſſi délicat
que laſcif, quelle foule de beaux eſprits
le gout du plaiſir, cet art de ſentir,
raſſemble autour de toi! l'admiration
eſt le moindre des ſentimens que tu
leur

leur inspire. Mais connoîtrois-tu si bien le cœur des femmes, aurois-tu peint à la postérité celles de ton siecle avec des couleurs si voluptueusement caustiques, si le plaisir, le plaisir même qu'elles t'ont donné, ingrat, ne t'eut éclairé sur des défauts, précieux au tendre amour.

Moncrif, esprit aimable, & poli par le grand monde, on t'a injustement comparé à ces Chimistes ruinés, qui ont la fureur de nous enseigner le secret de faire de l'Or : le bonheur que tu as d'être aimé d'un grand Ministre, t'a fait croire qu'il y avois un *art de plaire* ; peintre charmant des plaisirs de la jeune *aurore*, & des regrets du vieux *Titon*, tu mériterois de recommencer ton cours, pour avoir si bien connû l'amour & la volupté ; si Jupiter t'accordoit de nouvelles années, tu les reperdrois dans les plaisirs, mais moins vîte que ce prodigue Amant. Meilleur econome des faveurs du plus grand des Dieux, tu conserverois ta jeunesse, pour prolonger ta félicité.

Vo-

Voluptueux de toutes le saisons que tu sçais embellir, gentil Bernard, Apôtre & rival d'Ovide, quand donc veux tu lui donner en public tes leçons dans l'art d'aimer?

Gresset, romps le silence, en continuant de nous d'écrire la volupté, ne sera ce pas la sentir toi-même? si t'on cœur est heureux, qu'importe qu'on te reproche que t'on esprit en soit enervé, peins nous jusqu'aux plaisirs, qui se mêlent aux pavots de Morphée, peins nous ces songes toujours trop courts, où rien ne distrait l'ame enyvrée de la plus pure volupté, dis nous si la verité même fait plus d'impression sur les sens. C'est icy la preuve que le bonheur n'est qu'une illusion agréable, ou une heureuse façon de sentir, qui depend de l'imagination. Mais que t'on pinceau prête des couleurs aimables à cette verité. Plus Poëte que Fontenelle, (*a*) sois aussi Phi-

___

(*a*) *Souvent en s'attachant à des phantômes vains,*
Nôtre raison séduite avec plaisir s'égare,
Elle même goûit des objets qu'elle à feints,
Et cette illusion pour un moment répare
Le defaut des vrais biens, que la nature avare
    N'a pas accordés aux humains.

lofophe que lui, fonds la glace de fes
idées, fans qu'elles perdent rien de leur
jufteffe. Anime, donné la vie aux
objets, même les plus fantaftiques : l'i-
magination voluptueufe attend de toy
fon triomphe.

Et toy Bernis, convive aimable, qui
fais oublier Grécour, tu es plus propre à infpirer le gout du plaifir, qu'à
convertir les incrédules. Lis nous ces
vers charmans que t'ont dictés de con-
cert les graces & la volupté, & qui
prefenté par Cypris, t'ont élevé à un
rang que tu ne dois qu'aux ouvrages
d'amour, qui ont fçû plaire à la con-
noiffeufe déeffe.

Toy même enfin, libertin & impé-
tueux fréron, que veux tu faire à pa-
reil prix de la mauvaife fucceffion d'un
Prêtre encore plus mauvais qu'elle ? *Desfontaines*
Crois-moi, laiffe critiquer les efprits
froids, la critique deconcerte les talens, & ne les vaut jamais : connois
mieux l'impétuofité de fon efprit, cede au beau feu de t'on imagination
poëtique, qu'il te ferve à te bien peindre à toi même les beautés de Lucrece,

ce, comme le nouveau traducteur de Pétrone, s'étoit sans doute penetré de celles de sont Auteur. Pour bien traduire cet ancien, il suffit d'être, je ne dis pas meilleur Philosophe que toi, mais aussi mauvais physicien que lui. Mais pour invoquer l'amour d'une maniere digne de ce Dieu, & du Poëte qui l'a chanté, pour rendre en beaux vers les magnifiques descriptions d'un écrivain, qui s'exprimant toujours avec force, n'a pas toujours dédaigné l'harmonie, il ne faut rien moins que t'on génie, & t'on goût pour les plaisirs voluptueux, & c'est ici principalement que tu dois te montrer plus Epicùrien que l'Auteur même.

Qui que vous soyez enfin, tendres sectateurs de la volupté, Catule, Anacréon, Tibule, Pétrone, Ovide, Chaulieu, Montesquieu &c. s'il ne m'est pas donné de vous suivre, laissez-moi du moins un trait de flâme, qui me guide vers le temple de la volupté, comme ces Cometes qui laissent après elles un sillon de lumiere qui montre leur route; mais entrons en matiere.

En

En général plus on a d'esprit, plus on a de penchant au plaisir & à la volupté. Au contraire il me paroît que dans le Commerce du monde, les sots, les esprits bornés sont communément les plus indifferens & les plus retenus. Sans doute le plaisir qu'ils sentent avec peu de vivacité, les emporte rarement au-delà des bornes de la raison. Examinez tous ceux qui se sont ruinés pour s'être trop livrés au plaisir ; ce sont pour la plûpart des gens qui ont autant d'esprit, que peu de conduite.

C'est dejà faire l'éloge des écrivains voluptueux ; car pour peindre la volupté, il faut la sentir, & on ne sent d'une maniere exquise, ou délicate, qu'à force d'esprit.

Je partage ces Auteurs en deux classes. Les uns sont obscenes & dissolus, & les autres sont des maîtres de volupté plus épurée. Les premiers prostitués à la debauche, donnent dans les excès les plus odieux ; ils écrivent presque tous conformément à leur liberté de penser, ou à la dépravation de leurs mœurs, & ils trouvent des

lecteurs

lecteurs bien dignes d'eux, qui loin
de détourner leurs regards, les fixent
avec transport sur la nudité de leurs
tableaux, & qui loin de craindre l'impression de Peintures trop licentieuses,
s'y livrent éperdûment.

Le caractère de ces esprits est de
lever le rideau sur les Orgies des Bac-
cantes, de revéler les misteres les plus
impudiques du Dieu des Jardins, &
de ne pas même souffrir l'apparence
de retenüe, dans ces Nymphes, qui
feignant de ne rien voir, regardent
finement Priape, au travers de leurs
doits écartés.

A peine sont ils entrés, dans l'ave-
nüe du temple de l'amour, qu'ils com-
mencent par faire main basse, pour
ainsi dire, sur tout ce qui offense
leurs regards ; dans leurs amoureuse
fureur, ils déchirent impitoiablement
le voile de gaze, qui couvre les appas
naissans des plus jeunes Bergeres :
Voulant tout voir, sans rien imaginer,
se privant du desir même, ils ne croi-
roient pas avoir peint la nature, s'ils
ne la representoient nüe & dans toutes

tes fortes d'attitudes, variées à l'infini par les mains ingénieuses de la lubricité.

Telle est la lasciveté de leur imagination, quelle ne se repaît que des obscénités les plus révoltantes. Si on les déguise, si on les adoucit, elle tombe dans l'ennuy & dans la langueur, comme ces corps vigoureux trop foiblement nourris. Il n'est rien de trop fort pour leurs organes endurcis, il n'y a que les odeurs les plus impures qui puissent y faire impression; & enfin leur odorat corrompu, comme leur cœur, semble avoir regret aux moindres particules qui ne l'ont pas frappé : C'est autant de sensualités perdües. Mais encor une fois, toutes couvertes que sont les productions de ces écrivains, de l'écume la plus luxurieuse, mille esprits libertins les aiment & les cherissent uniquement. A peine sont-ils sensibles à de plus foibles attraits, tandis qu'ils reçoivent avec tout le trouble des plus fortes passions, la molle douceur des idées lascives qu'on leur communique. Admirable, mais

dan-

dangereuse simpathie de l'imagination
de deux hommes differens ! C'est ainsi
que le goût du plaisir, qui est un plaisir lui-même, naît quelquefois de la
débauche la plus outrée.

Tel est le danger de ces plumes impures, que la vertu la plus assurée sent
bientôt qu'elle s'ébranle & chancelle.
Le temperamment le plus tranquille
& le plus froid se trouve peu à peu
livré à une douce émotion, suivie de
mouvemens & de desirs, qu'un objet
phantastique vivement peint, fait quelquefois éclore plus efficacement que
la réalité, dont il n'est que l'image.

Ainsi plus un livre obscene est bien
fait, plus tout y est imaginé avec force, plus les couleurs sont vivement ap-
pliquées, plus ces ouvrages sont s'é-
duisans & dangereux, sur tout si les
yeux sont frappés de la representation
même des horreurs qu'on décrit.

Toute impudique qu'est Venus, elle
est la mere des hommes & des Dieux,
par elle germe & brille la nature, &
le monde entier se perpetüe, évitons
ses charmes, & redoutons sa puissance.

Si

Si le plus sage des mortels ne cherche
pas son salut dans la fuite, qui l'assu-
rera qu'il n'aura pas à se reprocher
d'avoir rendu à la facile Deesse les
hommages les plus grossiers?

Ces beaux esprits, qui, abusant des
dons de la nature les plus précieux,
ne se soutiennent, ne brillent que par
les plus sales peintures, ne méritent
pas d'être ici nommés! Je ne sçai même, si je n'aurai point à rougir de
m'arrêter un moment à ceux, qui dans
ce même genre, se sont montrés plus
voluptueux, qu'obscenes, c'est-à-dire,
qui au lieu de se livrer à une licence
effrenée, ont excellé dans l'art de donner aux mêmes objets des couleurs
plus douces, & qui enfin supprimant
toute expression choquante, ont affecté
de conserver une espece de dignité
dans la prostitution de leur esprit &
de leurs talens, semblables à ces femmes vertueuses, qui sçavent tomber
avec décence, & s'attirer dans leur
chute, autant d'hommage du respect
même, que du plaisir qui a séduit leur
cœur. Je ne demande grace au reste
que

que pour Pétrone ; qui pourroit la
refuſer ?

Avec quelle délicateſſe cet ancien
Auteur nous expoſe tous les genres de
voluptés ! rien ne révolte, rien n'effarou-
che la pudeur dans ſes écrits, il ſçait
l'apprivoiſer par un air de retenüe, &
il l'a ſeduit enfin par les charmes de
ſon eſprit & par la volupté de ſon pinceau. Jamais un baiſer n'eſt donné
ſeul, il eſt ſuivi de mille autres baiſers
plus doux. Leur feu ſe gliſſe ſecre-
tement dans les veines, l'ame éprouve
les mêmes degrès de plaiſir & de ſéduc-
tion, par leſquels il fait paſſer les objets
dont il eſt épris. Que de graces naïves
& touchantes s'offrent de toutes parts !
Comme il raconte l'Hiſtoire de l'éco-
lier de Pergame ! grand Dieux ! l'aimable enfant ! la beauté ſeroit-elle
donc de tous les ſexes ? rien ne limi-
teroit-il ſon empire ? que de déſerteurs
du culte de Cypris ! que de cœurs
enlevés à Cythere ! la Deeſſe en con-
çoit une juſte jalouſie , & quel bon
Cytoyen de l'Iſle charmante qu'elle a
fondée, ne ſoupireroit avec elle de
tou-

toutes les Conquêtes que fait le riva-
ge ennemi ? Beau sexe cependant n'en
soyez point si jaloux ; ce grand maître
des voluptés que vous désapprouvés, à
moins voulu, dans l'excès de son rafi-
nement, vous causer des inquiétudes,
que vous ménager des ressources contre l'ennuieuse uniformité des plaisirs &c. Combien d'amours, petits,
ou timides, qui s'effarouchant d'un
côté, ont été bien aises d'en trouver
un autre, pour ne pas coucher, ou
peut-être mourir (car qu'en sçai-je?)
à la porte du temple !

Vous le sçavez, Thémire, & ce seul
trait doit désarmer vôtre colere, vous
vous souvenez du tribut amoureux que
Pétrone rendit à vos charmes dans
cette nuit de délices, dont il semble
avoir conservé tous les transports.
Quels plaisirs son ombre enveloppoit !
Le Peintre passionné prend les Dieux
& les Déesses pour témoins de son bonheur extreme ; non jamais les plus
heureux habitans de l'Olimpe n'ont
gouté de si grands biens. Que de molesse ! que de volupté ! quelle jouïssan-

B

ce !

ce ! grands Dieux ! pourquoi qui ſçait auſſi-bien aimer, n'eſt-il pas immortel comme vous ? les deux Amans brulans d'amour, colés étroitement enſemble, agités, immobiles, ſe communiquoient des ſoupirs de feu, leurs ames erran-tes ſur leurs levres, confondües enſem-ble par les baiſers les plus laſcifs, ne ſe connoiſſoient plus ; éperdüement li-vrés à toute l'yvreſſe des ſens, elles n'étoient plus qu'un tranſport déli-cieux, avec lequel ces heureux mor-tels ſe ſentoient mourir.

C'eſt ainſi que Pétrone parle de ſes plaiſirs. Ses peintures ſont vives, mais elles n'ont rien d'indécent, rien de groſ-ſier, elles ne reſpirent que l'air le plus pur de la volupté. Mais j'ai lieu de craindre que cet air ſe corrom-pe, en paſſant par d'autre organes ; & comme ſes beautés, ſa délicateſſe eſt peut-être inimitable.

Qu'il faut d'eſprit, & d'eſprit vo-luptueux, pour bien rendre toutes les fineſſes de cet élegant écrivain ! com-me il peint encore, par exemple, comme il voile l'impuiſſance ! & avec
quelle

quelle ingénieuse adreſſe, la maîtreſſe de Polyenos remercie cette eſpece de *Mazulim*, & fait trouver, à ſon exemple, du plaiſir à n'en point avoir !

Si j'étois libertine, dit à peu près Circé, (car je traduis librement) je me plaindrois d'avoir été trompée, mais je rends graces à vôtre foibleſſe, par ce que je ne ſuis que voluptueuſe. L'attente du plaiſir a été pour moi un plaiſir veritable. Que de doux momens nous avons paſſés enſemble à l'ombre de la volupté ! Oüi ſans doute j'aurois été moins heureuſe, ſi l'amour ne m'eût pas donné le tems de deſirer ſes faveurs.

Combien d'autres traits charmans je pourroit raporter ! Pétrone donneroit envie de le lire, à quiconque auroit ſeulement du goût pour le plaiſir. Il inſpire tout celui qu'il a, il conduit au temple de la volupté, par un chemin tout fermé de fleurs, que dis-je. c'eſt par la volupté même, que ce courtiſan trop aimable perfectionne, épure le ſentiment de ceux qui le liſent avec un eſprit digne de lui.

B 2

Il

Il est une autre *Venus*, une autre source du plaisir , & d'autres Maîtres de volupté.   Voluptueux, sans crapule & sans débauche, sensuels enfans du plaisir , dont ils sont plûtôt économes que sectateurs ; ils boivent, pour ainsi dire, la volupté à long traits : ils n'ont pas une seule sensation sur laquelle ils ne se replient en quelque sorte molle-ment , & cette molesse , par laquelle une impression plus profonde pénétre intimément les sens , est la vraie sen-sualité.

Essayons de mieux faire sentir sa difference du caractere de ces divers écrivains.   Chez ceux que nous avons appellés obsçenes & impudiques , la nature violant toute les Loix de la pudeur & de la retenüe , & ne sem-blant connoître que celles de l'indé-cence & de le lubricité, n'offrent à nos sens agités que l'écumante lasciveté de ses mouvemens & de ses postures. Le même poison se trouve chez les au-tres , il y est seulement plus adouci, apprêté avec plus d'art : ils aiment à le cacher sous des fleurs, qui loin de le
faire

faire craindre; invitent à l'y chercher:
eh! que leur succès m'ont bien appris
que le sentiment du plaisir, épuré par
la délicatesse, & la vertu, loin d'exclu-
re la volupté, ne sert qu'à l'augmenter.
Oüi, l'art avec lequel ils ménagent la
pudeur, est celui de la faire disparoître.
Ils font plus de conquêtes, sous le voile séducteur, dont ils couvrent leurs
objets, que ceux qui montrant tout à
découvert, ne laissent plus rien à de-
sirer.

Tels font les divers effets de l'attrait
insensible, ou grossier de la volupté,
que tantôt il séduit l'ame imperceptible-
ment, & semble ne marcher en quelque sorte par un chemin couvert, que
pour mieux surprendre nos cœurs, &
tantôt déploiant toutes ses forces, elle
nous maîtrise ouvertement.

Le moyen de lui resister! Dans l'U-
nivers entier, tout cede à sa puissance.
Comment nos cœurs pourroient ils
être en sûreté? la réflexion n'a pas
le tems de les mettre en déffense;
mais s'il y a plus de plaisir à être vain-
cu, qu'à être vainqueur, une telle dé-

 faite

faite vaut une victoire, les sens triom-
phent dans le sein de la volupté.

Dans la carriere de l'esprit voluptueux, il est facile de distinguer la
plume qui l'emporte sur toutes les autres, c'est sans doute celle des écrivains, qui ont fui toute idée d'obscé-
nité grossiére. Il étoit trop juste qu'ils
fussent couronnés de myrthe par les
mains des graces à demi nuës.

Au reste les uns & les autres conduisent au même but, les uns plus vîte, les autres plus lentement. Le beau
Narcisse n'a point d'autre maîtresse que
lui. Il meurt d'amour dans les inutiles
efforts qu'il fait pour & sur lui-même.
Sapho voudroit être ce quelle n'est
pas : des desirs quelle ne peut satisfaire, la rendent ingénieuse. Que n'i-
magine pas cette fille amoureuse de son
sexe, pour en changer en quelque
sorte ? pour être homme, pour en
gouter le plaisirs, elle fait nôtre person-
nage, ou plûtôt elle le joüe. (a) Suzon
desire qu'on lui fasse ce quelle voit faire,

____

(a). *Mentitur que virum ingeniosa Venus.*

re ; avec quelle amoureuse curiosité,
elle regarde les mysteres d'amour! plus
elle craint de troubler les Prêtres qui
les celebrent, plus elle en est elle-même troublée. Mais ce trouble & cette
émotion raviffent fon ame : dans quel
état de volupté ineffable elle eft trou-
vée par fon *examinateur* ? enfin le
beau Giton gronde le fatyre qu'il a
choifi pour fes plaifirs : tout enfant
qu'il eft, il s'apperçoit bien de l'infi-
delité que Afcylte lui a faite, il donne à
fon mari, plus de plaifir qu'une femme veritable. Il n'eft donc pas furpre-
nant qu'il mette fes faveurs au plus
haut prix & que le plus joli cheval,
le coureur de Macedoine le plus vîte
puiffe à peine les payer.

Voilà des defcriptions dangereufes
dans la bouche de ceux qui les ont
faites, fur tout lorfque donnant un
corps à ces idées, ils ont peint au naturel l'inconftance & la corruption du
cœur, avec les poftures les plus lafci-
ves de tous ces honteux enfans d'u-
ne débauche reprouvée par la nature.
Certes de telles peintures ont beau-

B 4   coup

coup plus d'empire sur nos sens, que la description du temple de l'amour, des plaisirs de la belle Gabriële d'Estrées, de ceux mêmes du Prince Jonquille, de Manon l'escaut, de Vertumne & Pomone, de Daphnis avec Chloé, que l'amour en un mot le plus voluptueusement rendu en chansons tendres & délicatement lubriques. Plus un tableau est lascif, plus il forme une image naïve, & parlante d'une realité qu'on adore. Si on ne jouït pas soi-même, on aime à voir, même en figure, ceux que la joüissance satisfait. La vüe des plaisirs d'autrui nous fait sentir que nous avons en nous mêmes la facilité d'être aussi heureux, & qu'avec les mêmes desirs, il suffit d'invoquer le Dieu d'amour, pour être comblé des mêmes faveurs & sentir les mêmes transports.

Tachons de peindre ce genre épuré de la volupté. Ici l'Eclogue, la flute à la main, décrit avec une tendre simplicité les amours des simples Bergers ; Tircis aime avoir ses moutons paître avec ceux de Sylvanire, ils sont l'ima-

ge

ge de la réunion de leurs cœurs. C'est pour lui qu'amour la fit belle, il mourroit de douleur, si elle ne lui étoit pas toûjours fidele. Là c'est l'Elégie en pleurs, qui fait retentir les Echos des plaintes & des cris d'un amant malheureux. Il a tout perdu, en perdant ce qu'il aime, il ne voit plus qu'à regret la lumiere du jour, il appelle sérieusement la mort, en demandant raison à la nature entiere de la perte qu'il a faite.

Il faut l'entendre exprimer lui-même la vivacité de ses regrets, entrecoupés de soupirs : la pudeur augmentoit les attraits de son amante, qui l'a conservoit dans le sein même des plus grands plaisirs, pour les rendre plus piquants. Avant lui, elle ne connoissoit point l'amour. Il se rappelle avec passion, celle qu'il lui inspira pour la premiere fois & tout le plaisir mêlé d'une tendre inquiétude, quelle eût à sentir une émotion nouvelle. Pendant combien d'années il l'aima sans oser lui en faire l'aveu ! Comme il prit sur lui de lui déclarer enfin sa passion en tremblant ! Helas ! elle n'en étoit que trop

trop convaincüe : tous ces beaux noms de sympathie, ou d'amitié, l'a déguisoient mal : elle sentoit que l'amour se masquoit, pour mieux la tromper, & peut-être, sans le sçavoir, aida-t'elle ce Dieu même à donner à ce parfait amant autant de confiance, que son respect lui en avoit inspirée à elle même. Mais se rendre digne des faveurs de Sylvie, étoit pour Damon d'un plus grand prix, que de les obtenir. Aimer, être aimé, c'étoit pour son cœur délicat, la premiere joüissance, joüissance sans laquelle toutes les autres n'étoient rien. La verité des sentimens étoit l'ame de leur tendresse, enfin ils ne connoissoient d'autre excès que celui de plaire & d'aimer.

Pleure (eh! qu'importe que l'on pleure, pourvû qu'on soit heureux?) pleure infortuné Berger, un cœur amoureux trouve des charmes à s'attendrir il chérit sa tristesse, les joyes les plus brûlantes n'ont pas les douceurs d'une tendre mélancolie. Pourquoi ne pas s'y livrer, puisque c'est un plaisir, & le seul plaisir qu'un cœur triste puisse

goû-

goûter dans la solitude qu'il recherche?
Un jour viendra que trop consolé, tu
régretteras de ne plus sentir ce que tu
as perdu. Trop heureux de conserver
ton chagrin & tes regrets, si tu les
perds, tu existeras, comme si tu n'avois
jamais aimé. Puisque tu te crois in-
consolable, goutes toutes les douceurs
de cette illusion. Tâches même, s'il
t'est possible, de la méconnoître, pour
être encor mieux trompé. Pourquoi
faut-il que nous aions à nous défier de
nos sensations les plus intimes & les
plus cheres? Sommes nous donc réduits
à chérir tellement l'erreur, que nous
aions à craindre de n'y être plus livrés?
Hélas! oüi, nos sentimens le plus doux
sont involontaires, comme nos pensées.
Il faut s'attendre, loin d'y pouvoir
compter, que ceux qui nous flattent
le plus, nous seront bien-tôt à charge.
Plus on a l'imagination vive, plus le
cœur reçoit fortement les impressions,
plus on est volage ; il trop impossible
de sentir long-tems & vivement, &
par conséquent l'inconstance est le
partage nécessaire de ceux qui savent
le mieux aimer.

Ajoûtons de nouveaux traits au tableau que nous avons commencé.

M.lle... est amoureuse de M.r...elle craint de se livrer à l'objet de sa passion, elle accorde à l'idée de son amant, plus qu'à lui-même, pourquoi? C'est, lui dit-elle, que je n'ai à craindre avec vôtre idée, ni indiscrétion, ni inconstance, & que je la suppose en un mot, telle que je voudrois que vous fussiez. Se peut-il que deux cœurs faits l'un pour l'autre, puissent séparément être heureux, & que la nature trop industrieuse ait imaginé les moiens de se passer de l'amour qui en gémit!

J'apperçois une fille timide que l'amour conduit tremblante au lit de son amant, l'hymen seul que sa generosité refuse pourroit la rassurer, elle se pâme dans les bras de Mélis, qui meurt de l'amour dans les siens; mais reservée dans ses plaisirs, elle modere si bien ses transports, qu'il n'est que trop sûr qu'elle ne confondra que ses soûpirs. Elle se défie de l'adresse même du Dieu quelle chérit, tout Dieu qu'il est elle ne l'en croit que plus trompeur.

peur. Sa virginité lui est moins chere
que son amour : sans doute sa curiosité seroit voluptueusement satisfaite
avec celle de son amant ; en faisant
tout pour lui, elle croit à peine avoir
fait quelque chose, parce que ce n'est
point avec lui : elle sent bien encore
quelle le refuse, moins quelle même :
mais elle craint les fruits d'un amour
éperdu, elle n'entend plus que la voix
d'un fantôme qui lui dit de se respecter. Quelqu'excessive que soit la tendresse d'un cœur qui n'avoit jamais
aimé, elle n'est point à l'épreuve de
l'infamie, comme l'amour qu'elle a pour
son amant, ne seroit point à l'épreuve
du mépris. Dieu d'amour, se peut-il
qu'une foible mortelle, que tu as séduite par tes plaisirs, conserve encor en
aimant tant de retenüe, de force, & de
vertu !

Mais quels sont ces deux Enfans de
different sexe, qu'on laisse vivre seuls
paisiblement ensemble ? Qu'ils seront
heureux avec le tems ! Non jamais l'a-
mour n'aura eu de si tendres, ni de si
fideles sectateurs. Sans éducation, & par
con-

conséquent sans préjugés, livrés sans remords à une mutuelle sympathie, abandonnés à un instinct plus sage que la raison, ils ne suivront que ce tendre penchant de la nature, qui ne peut être criminel, puisqu'on n'y peut résister, & qui est une vertu, dans un cœur incapable de tromper. Voiez ce jeune garçon, dejà il n'est plus homme, sans s'en apercevoir. Quel nouveau feu vient de s'allumer dans ses veines ! il n'a plus les mêmes gouts, ses inclination changent avec sa voix. Pourquoi ce qui l'amusoit, l'ennuie-t'il ? Tout occupé de son nouvel être, il cherche à débroüiller le cahos de la nature, il sent, il désire, sans trop sçavoir ce qu'il sent, ni ce qu'il désire, il entrevoit seulement par l'envie qu'il a d'être heureux, la puissance qu'il a de le devenir. Ses desirs confus forment un voile, qui derobe à sa vüe le bonheur qui l'attend. Consolez vous, jeunes Bergers le flambeau de l'amour dissipera bien-tôt les nuages qui retardent vos beaux jours. Les plaisirs après lesquels vous soupirés, ne vous seront pas toûjours inconnus.

La nature vous en offrira par tout l'image, elle est attentive au bien être de ceux qui la servent. Deux animeaux s'accoupleront en vôtre presence, vous verrez des oiseaux se caresser sur une branche d'arbre, *tout vous sera de l'amour une Leçon vivante*. Que de reflexions vont naître de ce nouveau spectacle ! jusqu'où la curiosité ne portera-t'elle pas ses regards ? l'amour l'aiguillonne, il veut instruire l'un par l'autre, il a fait la gorge de la Bergere differente de celle du Berger : elle ne peut respirer, sans qu'elle s'éleve, malgré la contrainte de la pudeur, comme pour s'attirer autant de désirs, que de regards. Pensées naïves, desirs, inquiétudes, c'est alors que tout se dit sans fard : on ne se dissimule aucuns sentimens, ils sont trop nouveaux, trop vifs, pour être contenus.

Mais n'y auroit-il point encore d'autre difference ? oh oüi : & même beaucoup plus considerable ; c'est la Rose que le trop heureux hymen reçoit quelquefois des mains de l'amour, Rose vermeille, dont le bouton est à

peine

peine éclos, qu'elle veut être ceüillie, rose charmante ; dont chaque feüille semble couverte, & entourée d'un fin duvet, pour mieux cacher les amours qui y font nichez, & les foutenir plus mollement dans leurs ébats. Surpris de la beauté de cette fleur, avec quelle avidité le Berger la confidere, avec quel plaifir il l'a touche! Le trouble de fon cœur eft marqué dans fes yeux: la Bergere eft auffi curieufe d'elle-même pour la premiere fois ; elle avoit dejà vû fon joli vifage dans l'onde claire, dont les flots argentés arrofent fon lit de gazon ; le même miroir va lui fervir pour contempler des charmes fecrets qu'elle ignoroit.

Mais elle découvre à fon tour toute la differencе qu'il y a entre elle & fon Berger. Qu'elle lui rend bien toute fa furprife ! toute émüe, elle y porte la main en tremblant, elle le careffe, & quoi qu'elle en ignore encore l'ufage, fon cœur bat fi vîte, quelle ne fe connoît prefque plus. Mais enfin lorfque la nature lui fuggere cet ufage, elle

le

le regarde comme un monstre, la chose lui paroît absolument impossible,
elle ne sçait pas la pauvre Nicette tous
ce que peut l'amour.

L'idée du crime n'a point été atta-
chée à toutes ces recherches, elles sont
faites par de jeunes cœurs, qui ont
besoin d'aimer, avec une pureté d'a-
me que jamais n'empoisonna le répen-
tir : heureux enfans ! qui ne voudroit
l'être comme vous ? Bien-tôt vos yeux
ne seront plus les mêmes, mais ils n'en
seront pas moins innocens : le plaisir
n'habita jamais des cœurs impurs &
corrompus, quel sort plus digne d'envie ! vous ignorez ce que vous étes
l'un à l'autre. Cette douce habitude
de se voir sans cesse, la voix du sang
ne déconcerte point l'amour, il n'en
vole que plus vîte auprès de vous pour
serrer vos liens, & vous rendre plus
fortunés, puissiez-vous vivre toûjours
ignorés dans cette paisible solitude,
sans connoître ceux à qui vous devez
le jour. Le commerce des hommes
seroit fatal à vôtre bonheur, un art
imposteur corromproit la simple natu-

C   re,

re, sous les Loix de la quelle vous vivez heureux : en perdant vôtre ignorance, vous perdriez tous vos plaisirs.

Quels plaisirs grands Dieux ! que ceux de l'amour ! quels charmes plus séducteurs , plus ravissans ! peut-on appeler plaisir tout ce qui n'est point l'amour ! on goute encore ses bienfaits, même après qu'on les a reçûs ; heureux ceux que la nature a doüés d'organes vigoureux ! pour eux tous les jours se levent sereins & voluptueux , pour eux la joüissance est un vrai besoin sans cesse rénaissant , & le besoin est le pere du plaisir. Mais plus heureux encore, ceux dont l'imagination vive & lubrique tient toûjours les sens dans *l'avant-goût* du plaisir. Examinez leurs yeux & jugez , si vous pouvez , s'ils vont au plaisir , ou s'ils en viennent. Non seulement des amans ainsi organisés sentiront de plus grands transports , mais joüissant encore longtems après la joüissance , les restes de leur plaisir leur seront chers & précieux ; voiez comme ils les ménagent, les chérissent , les prolongent , leur

état

état est si charmant, qu'ils planent,
pour ainsi dire, avec volupté sur ses
délices, ils voudroient ne les perdre
jamais.

Dans le souverain plaisir, dans ces
momens divins, où l'ame semble nous
quitter, pour passer dans l'objet adoré, où les deux amans ne forment plus
qu'un même cœur, qu'un même esprit animé par l'amour, à force de
sentir on ne sent rien, du moins on
ne distingue aucune sensation, on est
ravi, transporté, & ces transports sont
les seuls éloges dignes de la beauté.

Mais quelque vifs que soient ces plaisirs, qui remplissent parfaitement nôtre ame, ce ne sont jamais que des
plaisirs ; l'état seul qui leur succede,
est la vraie volupté. L'ame alors moins
enyvrée, est à elle-même précisément
autant qu'il faut, pour contempler
toute la douceur de son état, & joüir
de sa situation. Plus on a parfaitement
servi l'amour, plus on goûte le prix
de ses services, & tel est le bonheur
de l'ame en ces momens délicieux,
qu'elle ne désire rien, si ce n'est de
les faire durer long-tems. Ne

Ne m'approchés pas, mortels fâ-
cheux & turbulens, laissés moi goûter
à longs traits les faveurs de thémire.
Je suis anéanti, j'ai à peine la force
d'ouvrir des yeux fermés par l'amour.
Mais que cette langueur a de délices!
je vois encore thémire, elle est entre
mes bras : mes mains aiment à s'égarer,
par tout où l'amour les conduit : il n'y
a pas dans tout son beau corps, une
seule partie que je ne couvre de mes
baisers. Ah ! Dieux ! que d'attraits!
& que d'hommages réels mérite l'illusion même ! que ne puis-je toûjours
ainsi vous voir, Bergere ? vôtre idée
me suivant par tout me tiendroit lieu
de vous même : l'idée de la beauté
vaut la beauté même, & souvent est
encore plus séduisante qu'elle. Doux
souvenir de mes plaisirs passés, ne me
quittés jamais. De quelle douce &
molle volupté, je me sens pénétré !
Dieux puissans ! se peut-il que les organes du corps suffisent, à tant de
plaisirs ? non, de si grands biens ne
peuvent appartenir qu'à l'ame, & je
la reconnois immortelle à ses plaisirs.

A-

Amour, combien peu sentent le prix de tes bontés ! combien peu se respectent eux-mêmes dans les bras de la volupté ! oüi, ceux qui sont capables de la moindre distinction, ceux à qui tes plaisirs ne tiennent pas lieu de tous les autres, pour qui tu n'es pas tout l'Univers, ceux-là, dis-je, indignes du rang de tes élus, le sont de tes faveurs : plus ils te sacrifient, plus ils souillent tes autels, & profanent ton temple. Ce sont des impudiques, & non des voluptueux, assés semblables à ces victimes de la débauche publique, qui sont forcées de joüer tes plaisirs, pour en donner.

Mais ne crains rien, ma chére Amie, si ces impures m'ont quelque-fois séduit par leurs attraits, c'étoit pour mieux t'assurer mon cœur, comme je ne crains pas qu'un libertin me ravisse le tien. Nous sentons trop vivement l'un & l'autre, nous avons connu ensemble tout le prix de la tendresse & de la volupté. Avec quel transport je me rappelle jusqu'aux moindre discours que tu soupirois, la

C 3   pre-

première fois que la conquête de ton
cœur fut la récompense du mien, &
ce combat enchanteur de la vertu, de
l'estime, & de l'amour ! comme à des
mouvemens ingrats, il en succeda peu
à peu de plus doux, qui ne t'inqui-
étoient pas moins ! tes yeux se brouil-
loient, le rideau de l'amour fut bien-
tôt tiré devant eux ; la force t'aban-
donnoit avec la raison, tu ne sçavois
ce que tu allois devenir ; tu craignois
(hélas ! que cette simplicité ajoûtoit à
tes charmes & à mon amour !) tu
craignois de tomber en foiblesse & de
mourir, au moment même que tu allois sentir le bien d'être,& le plus grand
des plaisirs. De quelle volupté encore
ta tendresse fut suivie ! un doux silence succede aux plus violens transports!
Dieux ! respectez l'égarement d'u-
ne aimable mortelle qui s'oublie dans
des bras quelle adore, elle est égale à
vous en ces momens.

Pourquoi faut-il, amour que le don
de sentir n'ait pas été accordé à toutes les femmes, avec celui de plaire?
le bonheur d'aimer, de joüir de ce
qu'on

qu'on aime, ne devroit-il pas toûjours
faire goûter le grand plaisir, à qui a
le pouvoir de le procurer ? peut-être
ce bonheur est-il si grand, lorsque
tout est réciproque, qu'un cœur trop
sensible pourroit à peine y suffir, s'il
n'étoit quelquefois diminüé par l'in-
sensibilité de leurs maîtresses. Mais
comment des Bergeres si tendrement
aimées, joüissent-elles, seules des faveurs de l'amour ? ce Dieu ne pouvoit
apparemment mieux punir les insensi-
bles, qu'en ne leur faisant point par-
tager ses douceurs.

Continuons de ne point nous asser-
vir à une insipide méthode ; que le
genie soit la seule Regle qui me guide ; la volupté méconnoît l'ordre &
le dédaigne : n'imitons pas, ces esprits
esclaves de l'art de transition, ils gla-
cent le cœur, en parlant d'amour, que
tout ressante icile désordre des passions
qu'il inspire, pourvû que le feu qui
m'emporte soit, s'il se peut, digne de
la volupté.

Vous qui baissés les yeux aux paro-
les les moiens chatoüilleuses, précieu-

les & prudes, loin d'ici. La pudeur que vous affectés, est fille du caprice & des préjugés. Mais la volupté est la mere du plaisir, & son privilége la dispense de vous respecter, d'autant plus que vous n'êtes pas vous mêmes (à ce qu'on dit,) si austeres dans le deshabillé. Loin d'ici race dévote, qui n'avés dans le cœur que le germe de tous les vices, & pas une vertu. Etouffer les dons de la nature, c'est être indigne de vivre ; être hypocrité, c'est reprocher au créateur d'avoir fait l'homme pour le plaisir, & tromper l'Univers.

Disparoissés aussi courtisanes impudiques, il sortît moins de maux de la Boëte de Pandore, que du sein de vos plaisirs. Hélas ! que dis-je ! des plaisirs ! Eh ! en fût-il jamais sans les sentimens du cœur ? plus vous prodigués vos faveurs, plus vous offensés l'amour qui les désavoüe. Livrés vos corps aux satires ; ceux qui s'en contentent, en sont dignes : mais vous ne l'étes pas d'un cœur né sensible. La crainte & les regrets empoissonnent des plai-

plaisirs que vous ne partagés pas. Vous vous prostitués en vain, en vain vous voulés m'obtenir par tous vos charmes, ce n'est point la joüissance des corps, c'est celle des ames qu'il me faut. Amour, pourquoi combles tu de l'excés de tes bontés, ceux qui ne sont pas voluptueux ? le plaisir qui ne conduit pas à la volupté, est-il un plaisir ? tu cedes à la brutalité ! toi qui n'es Dieu que par la volupté, tu ne dois être séduit que par elle. On confond trop communément le plaisir, avec la volupté, & la volupté, avec la débauche. Tâchons de marquer la différence essentielle qui se trouve entre toutes ces choses, & que la phisique même nous éclaire ici ; l'étude de la nature n'est pas sans plaisir pour un esprit voluptueux.

Nos sens sont le Siége du plaisir. Il dépend de l'attention & du chatoüillement des nerfs. Dans le souverain plaisirs les nerfs sont aussi tendus, qu'ils puissent l'être, pour ne pas causer de la douleur. Un point forme la barriere qui la sépare du plaisir ; celle de

l'inl'inftinct & de la raifon n'eft pas plus mince, ce n'eft donc que dans les fens qu'il faut chercher le plaifir, les fenfations d'efprit les plus agréables, ne font que des plaifirs moins fenfibles; tout plaifir de corps & d'efprit vient donc des fens, & c'eft la diverfe délicateffe des organes qui produit tous les divers dégrès de fenfibilité.

Mais la volupté veut être recherchée plus loin; elle nous manqueroit fouvent, fi nous ne l'attendions que des fens. S'ils lui font néceffaires, ils ne lui fuffifent pas, il faut que l'imagination fupplée à ce qui leur manque. C'eft elle qui met le prix à tout, elle échauffe le cœur, elle l'aide à former des defirs, elle lui infpire les moiens de les fatisfaire. En éxaminant le plaifir, qu'elle paffe, pour ainfi dire, en revüe, le microfcope, dont elle femble fe fervir, le groffit & l'éxagere. Et c'eft ainfi que la volupté même, cet art de joüir, n'eft que l'art de fe tromper. Ah! fi je me trompe, en augmentant le plaifir de mes fenfations & mon bonheur, puiffai-je me tromper toûjours ainfi!

Mais puisque la volupté & tous les sentimens de tendresse que l'amour inspire, resident moins dans les puissance du corps que dans celles du cœur, le plaisir ne sçauroit fuir l'homme le plus blazé, pourvû que son imagination ne le soit pas; les mouvemens lascifs ont beau abandonner certaines parties, s'ils remontent à la tête & s'y conservent, ce dépôt précieux à l'ame, l'élévera sur les débris du corps. Autereau a fait dans un age fort avancé des ouvrages tendres & voluptueux. Jamais peut-être le cœur ne fut plus constamment interressé que dans *sa magie de l'amour* qu'il composa à 75. ans.

Pour avoir renoncé à l'amour, on n'en est souvent que plus digne de peindre ses voluptés; peut-être les sent-on, d'une maniere recherchée, & plus philosophique. Tout est volupté pour un homme d'esprit, tout est sentiment pour un cerveau bien organisé, tandis qu'un sot connoît à peine le plaisir; ses nerfs cependant peuvent entrer en convulsion depuis le som-

sommet de la tête, jusqu'à la plante
des pieds, mais comme ils sont en-
gourdis & difficiles à rémuer, à leur
origine, jamais, & cela faute d'imagination, ils ne goûteront la volupté.
L'esprit seul y conduit tellement que
je suis persuadé que si tous les hommes
avoient précisement la même imagination, ils seroient tous également voluptueux. Esprits mobiles & déliés
qui coulés librement dans mes veines,
puissiez vous toûjours au grè de mes
désirs faire voler le plaisir dans mon
cœur !

Vous êtes Allemand, Baron, &
vôtre manie est de paroître voluptueux:
non. Vous n'aurez jamais l'honneur de
l'être ; puisque la volupté est à l'ame,
ce que le plaisir est au corps, le dé-
faut de vôtre imagination ne vous per-
mettra tout au plus d'être que débau-
ché, or qu'est-ce que la débauche ;
l'excès du plaisir, sans le goûter. Vous
pourrez, je le sçai, faire des miracles
en Amour, vous pourrez vous signa-
ler par d'éclatans exploits ; telle est
l'empire du corps qu'il peut toûjours
don-

donner à l'ame, malgré elle, dans
certaines circonstances, le plaisir même, quelle se pardonne à peine d'a-
voir goûté dans le sein de la rage &
du desespoir. Contentés-vous d'en prendre & d'en donner chaque jour, mais
puisque vous n'avez ni finesse ni délicatesse dans vôtre façon de sentir, le
moien de connoître la volupté ; ce
plaisir qui s'augmente par la refléxion
semblable en quelque sorte à ces raions
de lumieres qui tombent sur la surface
des corps solides ! ne vous suffit-il
donc pas, petit fils d'Alcide, d'avoir
dans le sang tous les feux de Cythere
& de Lampsaque, & de pouvoir dé-
penser beaucoup, sans passer pour dis-
sipateur, tandis que tant d'honnêtes
gens, économes forcés d'une foible
santé, ruinés par l'étude & le plaisir,
privés de leur premier ressort, sont
réduits à supléer à tout par l'art & le
génie ; que ne voudrois-je point imaginer, belle Cephise, pour vous dé-
dommager de mon peu de vigueur.
Avec quelle adresse, quelle industrie,
quelle vivacité je voudrois me réplier

sur

sur mon plaisir pour vous en donner !
quel charmant badinage assaisonne des
plaisirs que le désir soutient ? *l'avant
goût* du plaisir ne vaut-il donc pas le
dégout qu'il traine si souvent à sa sui-
te ? mais Cephise est contente, elle a
pour amant un des plus grands maîtres dans l'art des voluptés. Oüi certes, les plus inutiles efforts d'un voluptueux tournent plus à la gloire de
l'amour, que le plaisir fugitif de ces
especes d'animaux qui ne sentiroient
rien, sans la force & l'élasticité de
leurs organes. Le voluptueux seul
réunit toutes les illusions, seul il joüit
de toutes ses idées, il les appelle, il
réveille, celles qui lui plaisent au gré
de son imagination : non que je sache
comment elle broye ses couleurs, mais
l'image du plaisir, qui en résulte, paroît être le plaisir même.

Suivons par tout le voluptueux dans
ses discours, dans ses démarches, dans
ses plaisirs ; il distingue la volupté du
plaisir, comme l'odeur de la fleur qui
l'exhale, ou le son de l'instrument qui
le produit. Voiés comme il écoûte,

&

& prête à chaque inſtant l'oreille à la
voix ſecrete de ſes ſens ; pourquoi ?
c'eſt pour mieux entendre le plaiſir :
il croiroit ne l'avoir pas ſenti, s'il ne
l'attiroit exprès. At-il entre ſes mains
le bouquet *de Thereſe* ? comme il le
conſidere ! il y trouve plus d'amour,
que de fleurs ; il le reſpire avec la plus
tendre & la plus naïve volupté, un
feu ſecret s'allume dans ſes veines,
quelle émotion, & qu'elle en eſt la
cauſe ? *C'eſt qu'il étoit contre le cœur
de ſa chére Thereſe.*

C'eſt ainſi que l'art ajoûte à la nature, & ſçait la varier à l'infini ; le voluptueux ſenſible à tout ne veut rien
perdre & ne perd rien. Pour être heureux il n'a qu'à vouloir. La volupté
eſt l'objet de tous ſes projêts & de tous
ſes veux, il ne fait pas un pas, pas un
geſte qui ne tende vers elle. S'il joüit
des bienfaits de l'amour, mille joüiſſan-
ces préliminaires précedent la derniere joüiſſance, il ne veut arriver au
comble des faveurs que par d'imper-
ceptibles dégrés. Sur tout, il veut qu'on
lui réſiſte, autant qu'il faut pour aug-

menter

menter ses plaisirs. S'il se promene, le plus beau lieu, le chant des oiseaux, un Ciel serein & temperé, un air rempli du parfum des fleurs, une mer qui forme en se brisant des cascades & des napes d'eau écumeuse, fort au-dessus de tout ce que l'art peut inventer, un bosquet impénétrable aux raions du Soleil, où l'on goûte la double volupté d'être au frais & de lire chaulieu, le Gazon le plus fin, le plus touffu qu'on foule avec sa maîtresse, dans un endroit du bois si écarté que les regards profanes ni peuvent penetrer, enfin la plus belle vûe, la plus belle allée, celle où Diane se promene elle-même avec toute sa Cour, toute la nature est dans un cœur qui sent la volupté.

Vous connoissez à present combien la volupté differe du plaisir. Voici la différence qui se trouve entre elle & la débauche.

La volupté est peut-être aussi différente de la débauche, que la vertu l'est du crime. Les cœurs corrompus ne peuvent être vertueux, & ceux-ci ne peuvent être débauchés, ou criminels.
Le

Le plaifir eft de l'effence de l'homme & de l'ordre de l'Univers. La débauche feule, & tout ce qui nuit à
l'intérêt de la fociété, eft crime, ou
défordre, je n'en connois point d'autre. Le goût du plaifir a été donné
à tous les animaux comme un attribut
principal, ils aiment le plaifir pour lui-
même, fans porter plus loin leurs idées.
L'homme feul, cet être raifonnable,
peut s'élever jufqu'à la volupté ; il eft
diftingué dans l'Univers par fon efprit ;
un choix délicat, un goût épuré, en
rafinant fes fenfations, en les redou-
blant en quelque forte par la réflexion,
en a fait le plus parfait, c'eft-à-dire le
plus heureux des êtres. S'il eft malheureux, il faut croire que c'eft par
fa faute, ou par l'abus qu'il fait des
dons de la nature.

Nous devons le bien d'être, au feul
plaifir, c'eft lui qui a tiffu la chaîne
qui lie les hommes & les animaux. Il
me parle par mes organes & m'attache
à la vie. Philofophe indigne d'un fi
beau nom, vous voulez en vain me
faire regarder la mort comme un

D

bien

bien ; non, vous ne connoiſſez point le prix de la vie, c'eſt le plus grand de tous les biens, ſans elle après quel bonheur imaginaire courez vous ?

Chaque homme porte en ſoi le germe de ſon propre bonheur, avec celui de la volupté. La mauvaiſe diſpoſition, ou le dérangement des organes nous empêche d'en profiter, cependant je penſe que pour être auſſi heureux qu'il eſt poſſible de le devenir, il n'y a que s'appliquer à connoître ſon temperamment, ſes goûts, ſes paſſions & ſçavoir en faire un bon uſage ; agir toûjours en conſéquence de ce qu'on ſent, de ce qu'on aime, ſatisfaire tous ſes deſirs, c'eſt-à-dire tous les caprices de l'imagination ; ſi ce n'eſt pas là le bonheur, qu'on me diſe donc où il eſt.

La douleur eſt le plus grand des maux, la plûpart des Philoſophes lui ont donné le droit d'abreger nos tourmens, mais qui a du plaiſir à ſentir, eſt, ſelon moi digne de vivre, & doit aimer la vie. Quoiqu'on en diſe, quoique chantent nos Poëtes, quand on a ſçû profiter de tous les heureux momens,

mens,

mens, ceüilli toutes les fleurs femées
fur le fond de la vie, c'étoit la peine
de naître, de vivre & de mourir. La
mort, dit Lucrece, (a) ne nous regarde en rien ; je fçai qu'elle n'eft rien
en foi, & que la douleur eft tout ;
mais la mort nous prive de tous les
fentimens que je chéris, fon idée m'eft
affreufe. Loin d'ici trop affligeante
image, je ne puis vous regarder fixe-
ment ; non je ne me refoudrai jamais
à ceffer de fentir, je ceffe même d'ê-
tre en quelque forte, toutes les fois
que je penfe que je ne ferai plus.
Mourons cependant, puifqu'il le faut,
mais que ce foit après avoir vecû.

Le plaifir eft donc le plus bel apa-
nage de l'homme. Qui s'y refufe, viole
les premieres Loix de fon origine, &
l'intention du créateur. Ceux qui ne
s'aiment pas eux-mêmes, comment
aimeròient-ils les autres ? mais quel
erreur de s'imaginer qu'on ait de mau-
vaifes mœurs, parce qu'on aime la volupté ! la vraie fageffe eft elle donc
de fuïr le bonheur, & de rechercher
tout

____

(a) *Mors* . . . . .
ad nos nil pertinet hilum.

tout ce qui déplaît à l'imagination, &
ne peut conduire qu'au défagrement
de la vie ? non le plaifir eft fi étroitement lié au bonheur, que ces deux
chofes ont été confondües enfemble
en differens fiecles. Le fage doit donc
chercher le plaifir, fanslequel il ne peut
être heureux. Voyez tout le brillant
cortége de la joie, elle ne m'arche
qu'efcortée des jeux & des ris, la
probité l'accompagne : elle eft le fim-
bole de la pureté du cœur, le fcele-
rat eft trifte & rêveur ; en proye aux
plus cruels remords, la loi naturelle
qu'il a violée le déchire à fon tour ;
l'honnête homme au contraire rit, il
épanoüit fon cœur, il aime tant le
plaifir & la volupté, que loin de rougir d'être fait pour la fentir, il la regarde comme la plus folide récompen-
fe de la vertu, & le plus beau partage
de la raifon. Le plaifir, dit un auteur
„ qui m'en faut beaucoup, eft le feul
„ bien réel qu'un honnête homme ait
„ en ce monde. „
Plaifir, maître fouverain des hommes & des Dieux, devant qui tout
dif-

disparoit, jusqu'à la raison même, tu sçais combien mon cœur t'adore, & tous les sacrifices, qu'il t'a faits! je ne sçai si je mériterai d'avoir part aux éloges que je donne; je me croirois indigne de toi, si je n'étois attentif à m'assurer de ta présence, & à me rendre compte à moi même de tous tes bienfaits. Oüi, sans doute, je te dois de trop heureux momens, pour ne faire que sentir simplement mon bonheur & ta puissance. La réconnoissance seroit ici un trop foible tribut : j'y ajoute encore, par la réflexion & l'examen des sentimens les plus doux. Car si par tout ailleurs la réflexion empoisonne les plaisirs, ici elle les augmente. Telle est la vraie volupté ; l'esprit, & non l'instinct du plaisir, l'art d'en user sagement, de le menager par raison, & de le gouter par sentiment.

Mais quoique je sois sensible à tous les genres de volupté, laissons les pour ne peindre que celle de l'amour. Revenons sur nos pas, & que la Philosophie se taise désormais pour écouter la volupté.

Quel

Quel est cet amant qui trouve sa maîtresse endormie? jamais le someil de l'amour même, a-t-il été plus respecté? il voudroit imposer silence à la nature, entiere, pour mieux contempler ce qu'il adore. Comme ses regards amoureux sont avidement fixés sur cette gorge négligemment découverte! comme ils en parcourent, comme ils en pénétrent tous les charmes ! que n'imagine point le malheureux amant d'Issé, pour se *payer des larmes que la cruelle lui a fait verser.*

Tantôt sous la forme *du temple de Gnyde*, un Philosophe de la fabrique de chaulieu offre à nos esprits enchantés la peinture de l'amour, la plus vive & la plus voluptueusement délicate, Plein du Dieu qui l'inspire, à force d'en sentir les attraits, il nous en fait adorer la puissance ? comme il peint encor les plaisirs des Persans ! ces heureux mortels qui ne couronnent que la lubricité, & n'offrent des prix, qu'à ceux qui auront inventé des voluptés nouvelles ! certes, la Palme offerte, n'a jamais été mieux meritée, que

parce

par ce voluptueux Philosophe. C'est
ainsi qu'un sage ose quelque fois ouvrir lui-même une Ecole de volupté.
Eh! quel autre en effet doit appren-
dre aux mortels le secret d'être heureux? disciples d'épicure, accourez
tous, & rendez hommage à un maître
plus digne de vous.

Tantôt l'amour même séduit les
cœurs par l'art de Protée, que n'ima-
gine-t'il point pour peupler son empire? il s'ébat sur un *Sopha*, théatre de
ses plaisirs, aussi commode que dis-
cret; s'il dicte des billets doux & des
lettres galantes, Mercure, est prêt à les
porter, il oublieroit plûtôt son cadu-
cée que de ne pas les rendre adroitement aux beautés à qui elles sont adres-
sées. Anacreon, chaulieu, le voluptueux chaulieu, font des vers légers,
délicats, galamment négligés. Que
cette negligence les rend aimables,
mais ils ne sont charmants que par
l'air de volupté qu'ils respirent. Orphée lisant ces vers, les crût d'Appol-
lon même, ou de l'amour, il emploia
tous les charmes de son art, pour en

D 4 ren-

rendre l'harmonie plus touchante.

L'amour fait-il un *Conte*, même *Japonnois*, il y met tant de volupté, & de délicatesse qu'on croît entendre *Pétrone*. S'il fait executer les ordres de l'oracle, c'est pour mieux nous faire sentir tout le pouvoir de sa *magie*. Il nous attendrit avec une mere éplorée, ou avec une amante éperdüe. Il ne persecute *Phédre*, que pour nous interresser au cruel sort d'une malheureuse ; c'est pour nous la faire adorer qu'il nous montre *Zaire*, cette aimable *Zaire*, digne aussi d'un plus heureux destin. Pour quoi faut-il qu'une flamme aussi pure soit éteinte par des préjugés qu'elle n'avoit pas, & que l'amour ait soufert qu'on ait éclairé la Reine de son Empire, sur d'autres interêts, que ceux de la volupté ? n'étoit elle donc pas digne d'un ignorance, à la quelle son bonheur étoit attaché ? voulés-vous d'autres miracles de l'amour ? la *Le Maure*, cette frêle & maigre machine, n'eût jamais pû penser ; qu'à fait l'amour ? il l'a organisée pour chanter, elle ravît nos
ames

aînes par les sons de sa voix ; la musi-
que, cet art enchanteur, l'auroit elle
apprise à sentir.

J'apperçois deux danseuses au tour de
l'arche de *Jephté* ? dans l'une, qu'elle
agilité ! quelle force ! quelle précission !
seroit-ce un homme déguisé ? elle m'é-
tonne à un tel point, que je vois à
peine le plaisir qui la suit. L'autre
plus séduisante, forme des pas mesu-
rés par les graces, & composés par
les amours. Est-ce Terpsicore, ou la
volupté en personne ? divine enchan-
teresse, quel cœur de bronze & de
diamant ne seroit pas pénetré de la
lasciveté de tes mouvemens: étens, dé-
ploie seulement tes beaux bras, & je
suis plus enchanté qu'*Amadis* même.

Atis, nouvel Atis, tu pouvois seul
me consoler de la perte de ce genre de
volupté. Quels sons ! quel desespoir !
quels cris. „ Atis, Atis lui-même,
„ a fait perir ce qu'il aime ; il ne chan-
te ses douleurs, que pour les rendre
plus vives. Cher & aimable Jéliotte,
sers toi de tout l'empire que tu as sur
les cœurs sensibles : attendris les plus
durs

durs, & les plus inflexibles, non jamais la puissance d'Orphée n'égala la tienne.

Quelles formes encore une fois l'amour ne prend-il pas pour se glisser dans nos ames? il suscite les intrigues, & toutes les avantures galantes qui composent nos romans. Il permet à l'imagination des auteurs d'ajouter ce qui manque à la réalité, comme à son triomphe.

Jettés-les yeux sur le *Tableau de l'amour conjugal*, & sur tous les ouvrages de ces physiciens, qui aimant plus la nature, qu'ils ne l'ont connüe, ont cherché le plaisir dans les plus sérieuses recherches. Avec quelle ingenieuse adresse l'amour profite de l'ignorance même des mortels qu'il instruit! sur tout il se plaît à éclairer les amans qui ne sachant rien, ne voudroient que sçavoir aimer. Vous le sçavez, *Daphnis & Chloë*, heureux ignorans, trop séduisans Berger, s'il n'y avoit du plaisir à être séduit avec vous!

Où est l'amour (s'il m'est permis d'imiter ici un auteur charmant?) il est

est sur les levres de *Chloë*, il n'a semé les lis sur son teint, que pour donner à *Daphnis* le plaisir de les changer en roses.

Voiés-le voltiger sur son sein. Comme il se joüe avec un soufle badin dans les boucles de ses beaux cheveux blonds ! il folâtre de même sous ce verd feüillage : la vie de ce jeune myrthe est bien courte, il sera bien-tôt flétri. Heureusement il profite du peu de jours qui lui sont accordés ; il ne se refuse ni aux caresses de *Flore*, ni aux douces haleines de *Zephire*. Imités-le en tout, Bergere ; que sa vie soit l'image de la vôtre, & par la durée & par les plaisirs.

Jeune *Chloë*, vous me fuïés ; en vain je vous appelle, en vain je vous poursuis . . . dejà tous vos charmes se dérobent à ma vüe . . . rassurons nous ; l'amour, qui a fait les coquetes, les cache de maniere, qu'elles seroient bien fachées de ne pas être apperçües.

A ces jeux d'enfans, que Virgile à si bien peints, qui peut méconnoître l'al'amour. Il se cache lui même dans mille réduits, il veut qu'on l'y poursuive, il ne demande pas plus de grace, que la plus simple Bergere, il s'est fait une derniere retraite, il a voulu fixer les bornes de son empire, avec le siege de la volupté : c'est-là qu'il aime à s'arrêter, comme une tendre fauvette sur ses petits, & il ne s'y arrête, que pour avoir le plaisir de s'y laisser prendre. Ce seul plaisir fait toute son ambition ; pour en joüir, il enflamme tous les cœurs, il éclaire tous les esprit, il a créé tous les sens, pour en satisfaire un seul.

Entrons dans quelque détail. Le plus beau spectacle du monde, c'est une belle femme, un beau visage ? à quoi serviroit mon imagination sans mes yeux ? les aveugles de naissance n'imaginent rien. Les yeux seuls pouvoient faire passer l'image de la beauté dans mon ame, & l'empreinte en reste vivement gravée dans mon cœur.

L'esprit, tous les charmes de la conversation, qui ne sont pas sans volupté ; la douceur de la voix qui marque

as-

iſſés communément celle du caractere : la muſique, le goût du chant,
ſans loüie que d'attraits perdus pour
moi ! ſans le tact, j'étendrois en vain
mon corps ſur celui de ma maîtreſſe,
je ne ſentirois point la peau douce &
fine, je ſerois privé d'une des reſſour-
ces de l'amour & d'un de ſes plus
grands plaiſirs : aurois-je ſans l'odorat
le plaiſir de ſentir l'odeur que j'aime
dans ma maîtreſſe? Enfin ſans le goût
ſans la facile correſpondance des nerfs
du palais chatoüillé, que deviendroient
tous ces miſerables de l'amour deſeſ-
peré? plus de baiſers laſcifs, plus d'eſ-
poir d'être heureux, la plus efficace
des voluptés ſeroit perdüe.

C'eſt ainſi que les cinq ſens travail-
lent pour le ſixiéme, dont la nature
entiere à parüe uniquement occupée
en nous formant. Organes de nos paſſions & de tous nos déſirs, ils les ſervent, ils les entretiennent, ils les ex-
citent, pour quelles nous ſervent à
leur tour, ou plûtôt les paſſions mêmes, cet élement auſſi neceſſaire à
l'homme que l'air qu'il reſpire ; ſont
les

les plus fidels miniſtres de la volupté.
Plus elles nous portent au luxe, plus elles
nous ouvrent la voye du bonheur. Voiez
ce voluptueux, comme il ſirotte ſon
vin, & ſçait choiſir ſes mêts & ſes
convives ! il préfere à tout, ſes charmants tête-à-têtes, où les coudes ſur la
table, les jambes entre-laſſées dans
celles de ſa maîtreſſe, il boit plus de
voluptés que vin, verſez, *Iris* verſés,
quelqu'excellent qu'il ſoit, cette nuit
diſtillé par l'amour, il vous ſera rendu
en une liqueur mille fois plus délicieu-
ſe. Mais eſt il fatigué des hommages
qu'il a rendû à vos charmes, laiſſez
le ſommeil reparer ſes forces, autre-
ment il ne pourroit plus fournir qu'une
foible carriere. Venus, puiſſante Venus, attendez à voir paroître vôtre
étoile, les plus doux plaiſirs, naiſſent
du ſein du repos. Morphée ne répand
ſes pavôts ſur la terre que pour prépa-
rer les humains au culte de l'amour.
Vous entendez mal vos interêts Lu-
celle ! n'éveillez pas ſi-tôt vôtre amant:
quel mortel plus digne de vous ! il eſt
voluptueux, en le reſpectant vous me-
nagerez vos plaiſirs.   Le

Le besoin d'aimer succede à la faim,
à la soif & au sommeil ; & ce besoin
est tel quelque fois, qu'il précipite les
plus sages dans les excès les plus honteux. Il est donc d'un Philosophe voluptueux toûjours guidé par la probité, de le prévoir & de le prévenir de
quelque maniere que ce soit. Toutes
les passions s'éclipsent par la passion
d'aimer, elle leur commande en Reine. Pour elle l'ambitieux supplante
son plus cher concurrent, l'avare ou-
vre ses trésors & devient prodigue :
par elle la laideur reçoit les honneurs
de la beauté, par elle les droits de l'a-
mitié sont anéantis, enfin le libertin
& le debauché ont du plaisir à l'être :
l'amour est cause de tout l'ordre & de
tout le desordre qui règne dans l'Univers. Le marchand croit ne suivre
que l'interêt, & le guerrier jure qu'il
n'est animé que par la gloire ; vaine
illusion, tout ce que l'un a eû tant de
peine à gagner, sera donné pour une
des nuits de la belle Didon, il croît
s'enrichir en se ruinant, parce qu'il
comble ce qu'il aime de ses bienfaits,
tou-

toutes les conquêtes de l'autre ne va-
lent pas celles d'un cœur tel que celui de *Melite*, dont tous les replis,
quoi que prodigieusement étandûs,
peuvent à peine suffir aux sentimens &
aux transports d'une veritable passion.
Les plus grands Rois du monde n'aiment à ceüillir des lauriers que pour
en faire des couronnes à l'amour.

   Mais que voisje ? l'affliction est pein-
te sur le visage du plus tendre amant...
c'est un jeune guerrier que l'honneur
& le devoir obligent de devancer son
Prince en campagne. Il part demain,
plus de délai, il n'a plus qu'une nuit
à passer avec ce qu'il aime, l'amour
en soupire. Mais quels vont être ses
adieux! & comment les peindrai-je? si la
joie est commune, la tristesse l'est aussi;
les larmes de la douleur sont confondües avec celles du plaisir. Que d'in-
certains soupirs! quels regrets, quels
sanglots! mais en même tems que de
volupté, & quels transports! jamais
l'amour n'avoit tant pleuré, & cependant n'avoit été si heureux. Quel re-
doublement de vivacité dans les caresses

resses de ces tristes amans ! les délices
qu'ils goûtent en ce moment même,
qu'ils ne goûteront plus le moment
suivant, le trouble où l'absence la plus
cruelle va les jetter, tout cela s'expri-
me par le plaisir & se confond dans
lui-même, ils n'ont que le plaisir pour
interprête. Mais puisqu'il sert à rendre deux passions diverses, il va donc
être doublé pour cette nuit. Doublé !
ah ! que dis-je ! il sera multiplié à l'infini, ces heureux amans vont s'enyvrer
d'amour, comme s'ils en vouloient
prendre pour le reste de leur vie.
Leurs premiers transports ne sont que
feu, les suivans les surpassent, ils s'é-
garent, ils s'oublient, leurs ames s'em-
brassent alternativement & tout ensemble, le plaisir va les chercher jusqu'aux extremités d'eux-mêmes, &
ne se contentant pas des voies ouver-
tes, il se fait des passages à travers de
tous les pores comme pour se com-
muniquer avec plus d'abondance : semblable à ces sources, qui resserrées par
l'étroit tuïau dans lequel elles serpen-
tent, ne se contentent pas d'une issue

E

aussi

auffi large qu'elles mêmes, crèvent &
fe font jour en mille endroits ; telle
eft l'impetuofité du plaifir.

Quels font alors les propos de ces
amans ! s'ils parlent de leur volupté
préfente, s'ils parlent de leurs regrets
futurs, c'eft encore le plaifir qui ex-
prime ces divers fentimens. Ce, " *je*
ne vous verrai plus, fe dit avec
tendreffe, il fe dit encore avec flamme, il excite un nouveau tranfport,
où fe r'embraffe, où fe refferre, où
fe replonge dans la plus douce yvreffe,
on s'inonde, on voudroit fe noyer
dans une mer de volupté. Avec quelle ardeur, & quel courage ils parta-
gent l'ouvrage d'amour, rien dans eux
n'eft exempt de ce doux exercice,
tout s'y raproche, tout y contribüe,
la bouche donne cent baifers les plus
amoureufement recherchés, l'œil de-
vore, la main parcourt, rien n'eft
diftrait de fon bonheur, tout s'y livre
avidement, une douce melancolie a-
joute au plaifir je ne fçai quoi de fin-
gulier qui l'augmente, & mêt ces
heureux amans dans une fituation rare
que

que je sens bien, mais qu'il est diffici-
le de définir. Amour ? c'est de ces
amans que tu devois dire,

Vîte, vîte, qu'on les dessine
Pour mon cabinet de Paphos.

ils t'en auroient donné le tems, je les
vois mollement s'appesantir & se livrer
au repos qu'une douce fatigue leur
procure, ils s'endorment, mais la
nature en prenant ses droits sur le
corps, les exerce en même tems sur
l'imagination, c'est elle, non l'esprit,
qui veille toûjours, les songes sont
pour ainsi dire, à sa solde, c'est par
eux quelle fait sentir le plaisir aux a-
mans dans le sein même du sommeil.
Ces fidels raporteurs des idées de la
veille, ces parfaits Comediens, qui
nous joüent sans cesse nos passions dans
nous mêmes, oubliront-il leur rôlle,
quand le théatre est dressé, que la
toile est levée, & que de belles decora-
tions les invitent à réprésenter ! non.
Les criminels dans les fers font des
rêves cruels, le mondain n'est occu-

pé que de bals & de spectacles, le
trompeur est artificieux, comme le
lâche est poltron en dormant, l'inno-
cence n'a jamais rêvé rien de terrible.
Voyés le tendre enfant dans son ber-
ceau, son visage est uni comme une
glace, ses traits son riants, sa petite
paupiere est tranquille, sa bouche semble attendre le baiser que la nourrice
est toûjours prête à lui donner ; pourquoi le voluptueux ne joüiroit-il pas
des mêmes bienfaits ! il ne s'est pas
donné au sommeil, c'est le sommeil
qui l'a saisi dans les bras de la volupté,
Morphée après l'avoir enyvré de ses
pavots, lui fera donc sentir une situation charmante, qu'il n'a quittée qu'à
rêgret. Belles qui voyés vos amans
s'endormir sur vôtre sein, si vous étes
curieuses d'éssaïer le transport d'un a-
mant assoupi, restés, s'il vous est possible, éveillées, le même cœur, la même ame vous communiqueront leurs
feux, feux, d'autant plus ardents, qu'il
ne sera pas distrait de vous, par vous
même.

Il soupirera dans le fort de sa tendresse

dreſſe, il vous parlera même, & vous pourrez lui répondre, mais que ce ſoit très doucement ; gardés vous ſur tout de le ſeconder, vous l'éveilleriez par les moindres efforts, laiſſés-le venir à bout des ſiens. Preſentés vous tous les plaiſirs que goûte ſon ame, & puiſque l'imagination peint mieux à l'œil clos qu'à l'œil ouvert, figurés vous comme vous y êtes divinement gravée ; jouiſſés de toute ſa volupté dans un calme profond, & dans un parfait abandon de vous même ; oubliés vous, pour ne vous occuper que du bonheur de vôtre amant : écoûtés ſes ſoupirs dans un ſilence attentif, comptés tous ſes mouvemens, & vos plaiſirs naîtront de vos réflexions ſur les ſiens. Mais qu'il jouiſſe à la fin du repos dont il a beſoin ; livrés vous y vous même, en vous dérobant adroitement ſous lui de peur de le réveiller. Ne vous embaraſſés plus du ſoin de revoir la lumiere, vôtre amant vous avertira du lever de l'aurore ; mais auparavant il ſe plaît à vous contempler dans les bras du ſommeil, ſon œil avide ſe répaît
des

des charmes que son cœur adore, ils
reçevront tout ensemble, & chacun
en particulier l'hommage qui leur est
dû. Avec quelle art, quelle industrie il leve le voile qui les cache à sa
vûe ! que de beautés nouvelles pour
lui ! il semble qu'il les découvre pour
la premiere fois. Ses regards curieux
ne seroient jamais satisfaits, mais il faut
que le desir de voir, fasse place au desir
de sentir ; avec quel adresse ses doigts
legers voltigeront sur la superficie de
vôtre peau douce & tendüe ! l'agneau
ne bondit pas si legerement sur l'herbe
tendre de la prairie. Ensuite il étend
toute la main sur cette surface polie,
il l'a fait glisser d'un endroit à un autre, on diroit une glace qu'il veut
éprouver. Mais son desir s'augmente
par toutes ces épreuves, comme son
feu s'irrite par de nouveaux larcins,
il va bien-tôt vous éveiller, mais peu
à peu ; croiés vous qu'il va vous pro-
diguer tous ces noms que sa tendresse
aime à vous donner, non, il est trop
voluptueux pour ne pas se faire vio-
lence, sa bouche lui sera d'un autre

usa-

uſage, il donnera cent baiſers tendres
& legers à l'objet de ſa paſſion, il ne
les donnera pas brulans, pour ne point
l'éveiller encore, il s'approche, &
plus leger que Zephire, il ſe tient vo-
luptueuſement ſuſpendu au-deſſus d'un
million de graces, qui agiſſent ſur lui
avec toute la force de leur aimant, il
voudroit jouir d'une amante endormie,
dejà il s'y diſpoſe avec toutes les pré-
cautions, & l'adreſſe imaginable : mais
en vain, le cœur de Philis eſt averti
des approches de ſon bonheur, ſes
pores ſenſibles à la plus legere titilla-
tion s'ouvriront à l'haleine de Zephire : il étoit tems, Bergere, les tranſ-
ports de vôtre amant touchoient à
leur comble, il n'étoit plus maître de
lui, ouvrés donc les yeux & acceptés
avec plaiſir les ſignes du réveil. C'eſt
moi, dit-il, c'eſt ton cher Hylas qui
t'aime plus qu'il n'a fait de ſa vie, il
ſe laiſſera enſuite tomber mollement
dans vos bras qu'un reſte de ſommeil
vous fait étendre & ouvrir à la voix
du plaiſir, il les entre-laſſera avec les
ſiens, & ſe confondera de nouveau
avec

avec vous. C'est ainsi qu'à peine rendüe à vous même, vous sentirés la volupté du demi-reveil, & que l'homme a été fait pour être heureux Dans tous les divers états de sa vie. C'est assés, Profet voluptueux, jurés à vôtre maîtresse que vous lui serez fidele, l'amour ne perd rien à tous les sermens qu'il fait faire, levés vous. C'est ici qu'il faut s'arracher au plaisir, puisque les regrets l'accompagnent. N'attendés pas les plaintes & les pleurs d'une belle qui touche au moment de vous perdre, arrachés vous encore une fois, & n'excités point des desirs que la nature & l'amour ne peuvent plus vous donner, les plaisirs forcés par l'artifice ne sont plus des plaisirs, songés que vous reverrés un jour vôtre amante, où que l'amour, dont l'empire ne finit qu'avec l'Univers, sensible à de nouveaux besoins, vous enflammera pour d'autres Bergeres, qui seront peut-être encore plus aimables. En amour comme à table, il vaut mieux garder des desirs que d'en emprunter. Imités le convive sensuël,

il

il goûte de tous les mets, mais lége-
rement, il se ménage de manière,
qu'il aime mieux désirer quelque chose qui n'ait pas été servi que de ne
pouvoir pas profiter de tout ce qu'on
servira, tandis que le gourmand gonflé
& hors d'haleine dès le premier servi-
ce, n'a plus de désirs, du moins qu'il
puisse satisfaire, semblable au signe de
la fontaine.

Consentons plûtôt à nous priver pour
quelque tems de la volupté, que d'ê-
tre forcé d'y renoncer, peut-être pour
toûjours, en si engloutissant. Amants
qui étes sur le point de quitter vos belles, que vos adieux soient tendres &
passionnés, & pleins de ces nouveaux
charmes que la tristesse y ajoûte, je
veux que vous surpassiez un peu la nature, mais ne l'excédés jamais, c'est à
la tendresse à seconder le tempera-
ment, & à faire les derniers efforts,
qu'il seroit heureux de trouver une
ressource imprévûe, au moment même
qu'on s'embrasse pour la derniere fois,
& que les pleurs mutuels des deux a-
mans, prenant divers cours, semblent

être

être les garants de leurs douleurs, en même tems que la marque & le terme de leurs plaisirs.

Vous voiez combien de moiens divers, l'auteur de la nature a voulu emploier pour faire arriver les hommes plus ou moins vîte au but pour lequel ils ont été faits, qui est de croître & de multiplier, loi qui a moins été donnée, à l'homme quelle n'est née avec lui, loi intime, penchant si naturel à nos cœurs, que toutes nos actions tendent uniquement à celle d'aimer, dont elles ne semblent être que des especes de distractions necessaires.

C'est ainsi que la faim, la soif, le sommeil, l'imagination, tous les appétits, toutes les passions, tous les sens tant internes qu'externes, & en un mot tous les mouvemens de nôtre machine, conduisent à l'amour, & de l'amour à la volupté, des êtres organisés pour être heureux, des êtres qui n'ont pas un seul point dans tous leurs corps, qui ne soit sensible au plaisir, comme pour les exciter dans leur indifference létargique & leur montrer par

tout

Tout le chemin du plaisir. O! nature,
ô amour, ô comble de vos bontés,
quels cœurs n'en seroient pas péné-
trés? quels Bergers sûrs d'attendre
un but si desirable, seroient pressés de
perdre des sensations, qu'ils ne seroient pent-être plus les maîtres de se
procurer une seconde fois. On n'est
digne des faveurs de l'amour que par
l'art de bien ménager ses plaisirs. Heu-
reuses enfin les Bergeres, pour qui l'a-
mour a formé des amans, aussi économes de ses bienfaits, que tendres &
reconnoissans, sans doute il se fait un
plaisir de les éclairer lui-même du flambeau de la volupté.

FIN

[illegible]
[illegible] l'exemple de vos bontés et
[illegible] vous voudriez [illegible] citant plusieurs
[illegible] quels Tyrans [illegible] d'atteindre
[illegible] tardez [illegible]
[illegible] des Réunions, qu'elle ne se
[illegible] peut-être plus les matins de le
procurer une seconde fois. On n'est
[illegible] des faveurs de l'amour que l'on
[illegible] bien ménager les plaisirs, [illegible]
[illegible] enfin les Bergères, pour que la
[illegible] à côté, les amans, [illegible]
[illegible] que tendresse
[illegible] Pour jouir il faudra [illegible]
[illegible] lui-même du [illegible]
[illegible] la volupté.